So lebt Moskau

Der perfekte Reiseführer für einen unvergesslichen Aufenthalt in Moskau - inkl. Insider-Tipps und Tipps zum Geldsparen

Dennis Lohkamp

✈ INHALT

1. Das erwartet Sie in diesem Buch

Kreml, Basilius Kathedrale, Bolschoi-Theater. Wer diese Schlagwörter hört, muss sofort an die russische Hauptstadt Moskau denken. Und das ist richtig so! Wenn Sie sich dazu entschließen, der russischen Metropole einen Besuch abzustatten, dann sollten Sie von den wichtigsten Highlights und Sehenswürdigkeiten schon einmal gehört haben.

Selbstverständlich wird Ihre Stadttour bei diesen drei Sachen nicht enden, denn Moskau ist eine riesige Stadt und hat, außer den weltbekannten Sightseeings, noch viel mehr zu bieten! Das berühmte, futuristische Business Zentrum Moscow City, die ältesten Stadtteile

Kitai-Gorod, Twerskaja Straße oder verwinkelte, historische Gassen und Nebenstraßen, Lenin-Mausoleum, Gorkij-Park und viel, viel mehr können Sie auf dieser Tour des facettenreichen und vielfältigen Moskaus entdecken.

Außer den wichtigsten Sehenswürdigkeiten begegnen Sie zahlreichen Geheimtipps außerhalb der Touristen-Pfade. Ihre Reise führt Sie außerdem in die unterirdischen Paläste und auf die Fliegende Brücke der Stadt! Sie werden in die reiche Geschichte Moskaus blicken und gleichzeitig in die neusten und aktuellen Ereignisse der Metropole eintauchen.

Außerdem lernen Sie eine Menge über die Bewohner der Stadt kennen, über ihre Eigenarten, ihren Charakter, typischen Wortgebräuche und Klischees. Das ist eine außergewöhnliche, bunte Mischung an Erkenntnissen, die Sie in den weiteren Kapiteln finden werden.

Mit Sicherheit fragen Sie sich: Was sind die regionalen Spezialitäten der Stadt oder wo kann man die besten veganen Angebote für kleines Budget finden? Sind die Unterkünfte wirklich so teuer und gibt es außer den teuren Fünf-Sterne-Hotels auch andere tolle Übernachtungsmöglichkeiten? Außer diesen Antworten erfahren Sie noch Details über weitere

Besonderheiten Moskaus, die man als Reisender beachten soll, einige nützliche Tipps zu der Anreise und der Verkehrsanbindung und wie man am besten im hektischen Trubel des Alltags der russischen Metropole zurechtkommt. Sie erwartet eine spannende und aufregende Reise!

2. Auf nach Moskau

Wer sich an einem warmen, sommerlichen Nachmittag zu dem kleinen Café namens „M. de Croissant" am Arbat mitten im historischen Zentrum begibt, wird sich erst mal einer bunten Szenerie aus Menschen, vielen Läden, farbenprächtiger, klassischer Architektur und zahlreichen Touristenattraktionen bewusst.

Arbat, eine schöne, kilometerlange Straße mitten in der russischen Hauptstadt, lockt viele Touristen und Einheimische an, hier fühlt man ganz besonderes diese gewisse Atmosphäre, die in keiner anderen europäischen Stadt zu spüren ist. Also, was macht diese Stadt denn so besonders? Wer denkt, dass Moskau laut, staubig und hektisch ist, hat nicht ganz unrecht. Aber all diese Aspekte betreffen die meisten Metropolen und sind oft die, die eine Großstadt ausmachen. Sie gehören einfach dazu, schließlich leben in Moskau etwa 12 Millionen Einwohner und machen die Stadt somit zu einer der größten in Russland.[1]

Auch die Bezeichnung „eine der teuersten Städte der Welt" ist hier nicht fehl am Platz. Wer von seinem Arbeitsplatz im futuristischen Moscow City auf die Stadt blickt oder im GUM bei Louis Vuitton einkauft, kann es Ihnen bestätigen. Doch nicht nur die reichen Menschen und nicht weniger teure Geschäfte machen diese Stadt so besonders. In dieser Stadt leben unterschiedliche Gesellschaftsklassen, hier findet jeder etwas für seinen Geschmack und Lebensstil.

Außer den zahlreichen Angeboten an Geschäften und Einkaufszentren, vielen Sehenswürdigkeiten und Attraktionen, hat Moskau diese einzigartige Atmosphäre einer russischen Stadt. Viele Sachen gibt es eben nur hier zu finden. Wer kann schon von sich behaupten, Kwas in einem Café getrunken zu haben? Oder wer hat dem kommunistischen Gründer der

---

1 Blömer, Karen: Voucher Wonderland, die 70 größten Städte der Welt – 2020, Europas größte Städte

ehemaligen Sowjetunion an seinem Grab Besuch erstattet? Wer ist einfach mal durch Arbat geschlendert?

Zurückblickend hat Moskau eine sehr lange Geschichte hinter sich, welche in vielen Ecken der Stadt historische Spuren hinterlassen hat: Angefangen von dem ersten Kloster aus dem Jahr 1272 bis zum Evolution Tower, der seine Fertigstellung im Jahr 2014 feierte.[2] Eine bunte Mischung aufregender Architektur, die aus klassischen und modernen Bauten besteht, verleiht dem Stadtbild einen einzigartigen Charakter, denn städtebaulichen Ideen sind hier keine Grenzen gesetzt, wodurch an vielen Plätzen und Orten immer wieder neue Wolkenkratzer und Wohnviertel in den Himmel ragen.

Auch die Freunde der Natur werden nicht enttäuscht – immerhin hat sich die Regierung viel Mühe gegeben, um die Stadt noch grüner zu gestalten und der Titel „European City of the Trees 2019" wurde stolz der Stadt zugeschrieben.[3] Außer dem bekannten Gorkij-Park mit den vielen Spielplätzen, Skate-Parks, Kunstmuseen, Skulpturen und Sea-Booten gibt es hier noch andere Grünoasen, wie zum Beispiel Neskychny

---

2 Russlandjournal: Geschichte von Moskau
3 TASPO Online: Moskau zu Europa „Stadt der Bäume" 2019 gewählt

Sad mit frei laufenden Eichhörnchen, welche Besucher gern füttern dürfen, Sokolniki-Park mit wunderschönen Blumenbeeten, Alexandrovsky Sad mit seinen historischen Erinnerungen an die Vergangenheit oder der Victory-Park mit Museen und Skulpturen zum Andenken an den Zweiten Weltkrieg. Diese Liste könnte man so weiterführen, wenn man von weiteren Parks und Alleen, die sich sowohl innerhalb als auch außerhalb des Zentrums befinden, schwärmt.

In den heißen Sommertagen, wenn die warme Luft vom Asphalt in der Sonne flimmert und Sie den Wunsch nach einer Abkühlung verspüren, finden sich viele Einheimische, ausgenommen die, welche natürlich ihre Datscha in den Vororten der Stadt besitzen und dorthin fliehen, am Ufer des bekannten Flusses Moskwa wieder, der ganz Moskau durchquert.

Entspannt flanierend auf der Route von der Tretjakow Galerie im Süd-Westen der Stadt kommen Sie an vielen anderen schönen Orten und Sehenswürdigkeiten vorbei und können dabei ein abkühlendes Getränk in den gemütlichen Cafés am Ufer des Flusses genießen und sich der tollen Atmosphäre der Umgebung hingeben. Wer allerdings seine Reise auf die Winterzeit einplanen möchte, wird auch hier nicht enttäuscht – allein die schneebedeckte Stadt mit vielen

Schneerutschen, Eislaufbahnen und Schneeskulpturen ist sehr beeindruckend. Zur Silvesterzeit gibt es noch obendrauf ein riesiges Feuerwerk auf dem Roten Platz und einen 27 Meter hohen Weihnachtsbaum, eine Tradition, die kein Einheimischer und auch nicht die Touristen missen möchten. Ein echtes winterliches Erlebnis mit einem echten russischen Winter!

Die Einheimischen selbst bezeichnen die Stadt als einen Ort der Gegensätze, welche sich offenbar auf magische Weise gegenseitig anziehen und trotzdem ein ausgewogenes Ambiente darstellen. Die Mischung aus Alt und Modern, aus traditionellen und innovativen Aspekten macht diese Stadt zu einem einzigartigen Erlebnis und sollte auf jeden Fall auf Ihrer To-do-Liste stehen.

Auch für die fortgeschrittene Technik muss an dieser Stelle ein Lob ausgesprochen werden. Im Gegensatz zu vielen anderen europäischen Städten gibt es hier so gut wie an jeder Stelle das sehnsüchtig erwartete WLAN und seine einwandfreie Funktion macht das Benutzen von Google Maps, TripAdvisor und ähnlichen Apps viel einfacher. Doch falls man sich aus irgendeinem Grund auf die herkömmliche Weise zu verständigen braucht und einen Passanten nach dem Weg fragen muss, so brauchen Sie sich keine Sorgen zu machen, denn auch mit Englisch kommen Sie hier gut zurecht. Es gibt natürlich hier und da mal eine Ausnahme, doch die meisten Einwohner Moskaus sind gut in Englisch geübt und helfen Ihnen gern weiter.

Eine weitere Besonderheit, die man auf jeden Fall erwähnen sollte, ist das vielfältige Angebot an Cafés und Restaurants, die man im Zentrum vorfindet. Über tausende verschiedene Möglichkeiten mit vielen ausgefallenen und tollen Spezialitäten erwarten Sie.

Egal, ob traditionelle Gerichte, vegetarisch, vegan, gehobene Küche oder Low Carb, hier werden Sie in allen gastronomischen Bereichen fündig. Nicht nur das Essen, sondern auch die dazugehörige Innenausstattung von vielen Restaurants ist ein weiterer Grund, sich auf die kulinarische Suche zu begeben und dabei einige spektakuläre Orte zu entdecken.

Nicht zuletzt sollte man ein weiteres, charakteristisches Merkmal hervorheben, das jedem ins Auge fällt, wenn man in Moskau unterwegs ist, denn die Stadt ist für ihre einzigartigen, schönen U-Bahnstationen berühmt, sogenannte Metrostationen. Wer die enge Londoner U-Bahn-Unterführung oder die schlicht gestalteten Hamburger U-Bahnstationen kennt, darf sich der ansehnlichen künstlerischen Gestaltung der Moskauer Stationen erfreuen. Im Jahr

1935 eröffnet, gehört sie nicht nur zu den tiefsten Tunnels und Bahnhöfen der Welt, sie wird als „Unterirdische Paläste" bezeichnet – aufgrund ihrer anspruchsvollen, unterirdischen Architektur.[4]

Die Pfeiler und Kapitelle sind im sozialistischen Klassizismus sehr detailliert ausgearbeitet, der Boden ist mit schönen Marmorplatten ausgelegt und die Decken sind mit Kronleuchtern versehen. Wer sich also in die unterirdischen Paläste begibt, sollte auf jeden Fall die Metrostationen „Komsomolskaja", „Arbatskaja" und „Majakowskaja" besuchen und mit der 126 Meter langen Rolltreppe an der Station „Park Pobedy" wieder zu dem alltäglichen Großstadtrubel zurückkehren.

---

[4] Natalie: Studieren-weltweit, Moskaus größter Schatz unter der Erde

3. Über Goldene Herde, Zaren und Sieben Schwestern

Wenn man zum historischen Ursprung von Moskau zurückblickt, kann man erkennen, welchen Wandel und wie viele Veränderungen die Stadt im Lauf der Jahre durchgemacht hat. Moskau feierte im Jahr 2007 sein 860. Jubiläum und ließ sich aus diesem Anlass an allen Ecken beleuchten.[5] Als Gründungsjahr gilt das Jahr 1147, als die Stadt zum ersten Mal in den Chroniken erwähnt

---

[5] Russlandjournal: Geschichte von Moskau

wurde. Natürlich lassen neue archäologische Funde das offizielle Datum infrage stellen, doch so viel ist sicher: Moskau war und bleibt im ständigen Wandel der Zeit.

Übrigens ist Moskau die Namensschwester des Flusses Moskwa, welcher in zahlreichen Mäandern den Ort durchquert. An diesem Fluss wurde im Jahr 1156 der erste hölzerne Kreml gebaut, welcher als Wehranlage diente.[6] Kaum vorstellbar, wenn man den heutigen Kreml der damaligen Holzkonstruktion zum Vergleich stellt.

Ab dem Jahr 1238 waren die russischen Fürsten gezwungen, unter der Herrschaft der Goldenen Herde zu regieren und dementsprechend hohe Angaben an die Mongolen zu zahlen.[7] Nichtsdestotrotz entstand einige Zeit darauf das erste Kloster, welches von Fürst Daniil gegründet wurde.

Heute kann man das wunderschöne Gebäude besichtigen und sich mit der russisch-orthodoxen Kirche vertraut machen. Der Großfürst Iwan I. Kalita schaffte es übrigens, die Stadt nicht nur zum wichtigen politischen, geistlichen und kulturellen Zentrum zu machen, er gewann das Vertrauen der Goldenen Herde, welche

---

[6] Ebd.
[7] Ebd.

im Jahr 1380 zum ersten Mal besiegt wurde.[8] Doch schließlich verdankte man den Sieg der Herrscherzeit des Großfürsten von Moskau Iwan III. und so wurde die Stadt schließlich von der Fremdherrschaft befreit. Beiläufig ist zu erwähnen, dass auch der Glaube an die orthodoxe Kirche mit der Heirat von Iwan III. mit der Nichte des letzten Kaisers von Byzanz erfolgt ist.

Heutzutage findet man in der Stadt überwiegend Kirchen des orthodoxen Glaubens, da die meisten Einwohner russisch-orthodox erzogen werden.[9]

Was das Fürstentum betrifft, so haben Sie vermutlich über die berühmte Romanow-Dynastie schon mal zu hören bekommen, welche man mit dem Zeichentrickfilm von Disneys „Anastasia" oft in Verbindung bringt. Anastasia Romanowa erlange den Titel der Frau von Iwan dem Schrecklichen, welcher sie im Alter von 16 Jahren heiratete.[10] Im Jahr 1547 wurde die Stadt zur Hauptstadt des Zarentums Moskau ernannt, da die Bevölkerung weiterhin wuchs und die Stadt groß darüber hinaus ausgebaut wurde.[11]

Wenn Sie bei Ihrem Besuch über den Roten Platz flanieren und zufällig den Blick in Richtung der

---

[8] Russlandjournal: Geschichte von Moskau
[9] Ebd.
[10] Ebd.
[11] Ebd.

Basilius Kathedrale werfen, werden Sie wahrscheinlich eine Bronzeplastik zweier Männer erblicken, welche stolz in den Himmel ragt. Andernfalls werden Sie diese spätestens auf den Postkarten vorfinden, welche als auffälliges Nebenmotiv auf solchen abgebildet ist.

Und wenn Sie sich fragen, wer die beiden Helden sind, es sei denn, Ihre Russisch-Kenntnisse reichen aus, um die kyrillischen Buchstaben auf dem Denkmal zu entziffern, so sei erwähnt, dass die beiden im Jahr 1612 die Stadt von der polnischen Besetzung befreiten.[12] Zu Ehren dieser zwei Volkshelden wurde die Statue auf dem Roten Platz errichtet.

Allgemein muss man sagen, dass Sie auf der Tour höchstwahrscheinlich viele weitere Denkmäler und Skulpturen von wichtigen russischen Persönlichkeiten entdecken werden, denn wie gesagt, Moskau hat eine lange Geschichte hinter sich und die Liste seiner Helden ist dementsprechend lang.

Zweimal im Lauf der Geschichte wurde die Hauptstadt nach Sankt Petersburg verlagert, um letztendlich ihren Sitz in Moskau zu finden. Die Zarin Elisabeth kümmerte sich gewissenhaft um ihre Stadt und ließ einige Gebäude und Bauten im Kreml restaurieren. Auch

---

12 Wikipedia: Minin und Poscharski Denkmal

die Gründung der Moskauer Lomonossow-Universität ist ihr zu verdanken, die erste Universität der Stadt. Zwar besteht die Universität seit dem Jahr 1755, doch das Gebäude, in der sie sich heute befindet, wurde viel später erbaut.[13] Das prächtige Hochhaus ist der Sitz der größten Uni Russlands und kann leider nur mit einem Studentenausweis besucht werden.

Wer sich nicht als Mitarbeiter oder Student ausweisen kann und das Gebäude von innen gern besichtigen würde, wird am Eingang von einem Sicherheitsmann nett aufgefordert, die Räumlichkeiten zu verlassen, aber von außen stellt die Universität einen spektakulären Anblick dar und der anliegende Park lädt zu einem Spaziergang ein.

Im Jahr 1812 wurde die Stadt von einem Brand gewaltig zerstört. Dieses Ereignis hängt mit dem Einzug von Napoleons Truppen zusammen, welche sich der Stadt näherten. Die Brandursache ist und bleibt nicht ganz klar. Die Franzosen vermuteten Moskauer Gouverneur Rostoptschin hinter dem Geschehen, doch laut einer anderen Version lösten die französischen Soldaten die Brände selbst aus Versehen durch ihr unkontrolliertes Handeln aus. Da der Brand erst einige Tage

---

[13] Russlandjournal: Geschichte von Moskau

später gelöscht wurde, waren viele Teile der Stadt zerstört. Napoleon zog seine Truppen zurück und verließ die Stadt. Der Zar Alexander I. gründete im Jahr 1813 eine „Kommission für den Aufbau Moskau", um die zerstörten Stadtteile zu rekonstruieren und Häuser für die Einwohner zu bauen.

Durch die effiziente Arbeit wurde das Wohnproblem ein paar Jahre später so gut wie gelöst. Der heutige Gartenring, der die Stadtstruktur auszeichnet, entstand ebenfalls infolge des Brandes, da man anstelle eines Erdwalls dieses Mal gepflasterte Ringstraßen mit Gehwegen und Gärten gestaltete.[14]

Zu dem nicht weniger wichtigen Ereignis in der Geschichte Moskaus gilt natürlich die Zeit von 1941 bis 1945, als der Zweite Weltkrieg stattgefunden hat. Zwei Jahre dauerte die berühmte Schlacht um Moskau, bei welcher die deutschen Truppen und die Rote Armee gegeneinander kämpften.

Schließlich erfolgte im Jahr 1945 die erste Siegesparade auf dem Roten Platz, an der 40.000 Soldaten teilnahmen. Seit 1995 kann man diese Parade mit eigenen Augen mitverfolgen und sich die musikalische Aufführung der Militärkapelle anhören. Die Parade ist

---

[14] Ebd.

die größte Waffenschau und findet jährlich im Mai statt.[15] Und wenn man einen guten Platz ergattert, bekommt man vielleicht ein paar Berühmtheiten wie Präsident Putin oder die Kanzlerin Angela Merkel zu sehen, die auch zu den Ehrengästen zählte und beim 65. Jahrestag des Sieges dabei war.

Doch auch, wenn das Land am Ende den Sieg geholt hatte, litten die Menschen jahrelang unter der totalen Diktatur und Sozialismus wurde ein zentraler Grundsatz der Gesellschaft. Diese Zeit prägte sich stark in die Geschichte des Landes ein, sodass man auch heute hier und da Denkmäler von Stalin entdecken kann. Auch architektonisch hinterließ diese Zeit auffällige Spuren in der Stadt.

Haben Sie schon mal von den Sieben Schwestern gehört? Und nein, sie gehören nicht zu der Verwandtschaft von Josef Stalin. Wenn Sie sich das Gebäude des Außenministeriums in Moskau angucken, dann kennen Sie eine davon. Als Sieben Schwestern bezeichnet man sieben Hochhäuser in der Stadt, die von Stalin in Auftrag geben wurden. Die Gebäude sind im sozialistischen Klassizismus erbaut und gelten ebenfalls als eine Sehenswürdigkeit der Stadt. Die Sieben

---

[15] Dr. Niemetz, Daniel: MDR, Stalins Triumph, die Moskauer Siegerparade 1945

Schwestern sollten die Stadt repräsentieren und als Hochpunkte auf bewusst dafür gewählten Stadtorten ein einheitliches Ensemble darstellen.

Wenn Sie sich das architektonische Wunder anschauen möchten, hier ist die Liste der sieben Gebäude: das Hauptgebäude der Moskauer Lomonossow-Universität auf den Sperlingsbergen, das Außenministerium, Hotel Ukraine, Hotel Leningradskaja, Wohnhaus an der Kotelnitscheskaja-Uferstraße, Wohnhaus am Kudrinskaja-Platz und Haus am Roten Tor.[16]

Allgemein kann man sagen, dass Moskau sich in den 90er-Jahren sehr stark veränderte und ein Bauboom diese Zeit prägte. Viele Kathedralen wurden wiederaufgebaut und auch das Auferstehungstor am Roten Platz wurde rekonstruiert. Und wenn Sie sich auf die Spuren von modernen Bauten begeben, so ist das internationale Geschäftszentrum am Moskwa-Ufer, nämlich der berühmte Moscow-City-Komplex, ein guter Startpunkt für die geplante Route.

---

[16] Domingo, Irene: Russland, Stalins Wolkenkratzer in Moskau: Wer sind die Sieben Schwestern?

4. Private und öffentliche Begegnungen

Ein weiteres interessantes Thema, mit dem Sie wahrscheinlich auf Ihrer Reise in Berührung kommen werden, ist das Thema der Bewohner Moskaus. Oder „Moskwitschi", wie man sie im russischen Gebrauch bezeichnen würde. Zum größten Teil besteht die Bevölkerung aus Einwohnern russischer Abstammung, wobei in den letzten Jahren immer mehr Menschen aus dem Ausland in die Stadt zogen. Aber wir bleiben bei der Mehrheit. Also, wie sind sie nun drauf, diese Einheimischen? Sind sie genauso laut und impulsiv, wie man es vielleicht von den Mailändern kennt? Oder vielleicht genauso gleichgültig und unhöflich, wie man es über die Berliner hört? Stimmt es, dass die Russen immer nur Wodka trinken und einen Bären bei sich zu Hause halten? Klischees über Klischees.

Natürlich, wenn man so etwas hört, möchte man am liebsten mit den Augen rollen und schmunzeln. Aber woher kommt überhaupt diese Verbreitung von Gerüchten? Man hört es oft, dass der Wodka das häufigste Stereotyp über Russland ist. Und es stimmt durchaus, dass der eine oder der andere diesem Getränk beachtlich mehr Aufmerksamkeit schenkt, denn immerhin ist das ein Nationalgetränk.

Doch im modernen Russland ist es so ähnlich wie in den anderen europäischen Städten – junge Menschen bevorzugen Cocktails, Craftbier oder einfach mal den guten alten Wein. Außerdem ist der schwarze Tee ein weitaus verbreitetes Getränk, welches bei jedem Besuch angeboten wird. Enttäuschend? Auf keinen Fall!

Ein weiterer Pfad, der oft in die falsche Richtung einschlägt, ist der, dass russische Menschen, unter anderem auch in Moskau, schwermütig und melancholisch sind. Das stimmt nur zum Teil. Dieses Klischee hängt vermutlich mit der russischen Literatur zusammen, welche oft und gern ein schwermütiges und ernstes Russland in den Büchern darstellt. Doch die Moskauer Einwohner lesen gern! Meistens sieht man sie in der Metro, im Bus oder einfach stehend auf der Rolltreppe mit einer Lektüre. Klingt vielleicht altmodisch, wenn man die heutige Jugend aus anderen Städten vergleicht, doch es stimmt – irgendwie muss man ja die lange Zeit der Metrofahrt totschlagen.

Ansonsten würde man die Einwohner eher als ruhiges, gelassenes Volk bezeichnen, das am Wochenende oder an Feiertagen gern ausgeht und sich ebenfalls wie die Touristen von der städtischen Alltagsatmosphäre treiben lässt.

Sicherlich werden Ihnen aber einige Passanten über den Weg laufen, oder besser gesagt über den Weg fahren, die in den teuren Sport- oder Geländewagen sitzen. Goldene Felgen? Kein Problem! Als Kontrast dazu torkelt eine traditionelle Automarke wie „Lada" oder „Wolga" hinterher. Ein spannendes Zusammengefüge aus Alt und Neu füllt die Szenerie der Straßen.

Um die Stadt besser zu verstehen und das ist wortwörtlich gemeint, sollten Sie sich mit einigen typischen Wortgebräuchen bekannt machen. Außer „Zdravstvujte" – „Hallo" und „Spasibo" – „Danke" werden Sie mit Sicherheit auch andere Wörter und Sätze öfter zu hören bekommen. „Dawai" ist beispielsweise eines der Wörter, die man gern und oft benutzt, es hat einfach mehrere Bedeutungen, je nachdem, in welchem Zusammenhang es gemeint ist.

Es kann so viel bedeuten wie „Los!" in dem Sinne, dass man ungeduldig auf die Reaktion eines anderen wartet, oder aber im positiven Sinne von Begeisterung. Ein weiteres beliebtes Wort, welches ebenfalls eine undefinierte Bedeutung annehmen könnte, ist das Wort „Posmotrim". Vergleichbar mit dem Kontext könnte man es mit unserem „Bestimmt" gleichsetzten. Und Sie so? „Schauen mal."

Wie auch die Stadt sind hier die Bräuche (übrigens wie in vielen anderen Teilen Russlands) ein interessantes Thema. Vor der fernen Reise sollte man sich auf jeden Fall mit ein paar davon bekannt machen, denn auf diese Weise könnte man vielleicht die eine oder andere Handlungsweise besser nachvollziehen. So spielt zum Beispiel Begrüßung der Gäste eine wichtige Rolle, denn Gastfreundschaft wird hier großgeschrieben. Sollten Sie als Besuch eine solche Einladung erhalten, dann können Sie sich in allen Fällen auf reichlich Essen und Trinken freuen. Und machen Sie nicht den Fehler, kurz davor Zuhause etwas zu essen, das wäre nämlich sonderbar. Meistens gibt es wie an einem schicken Abend im teuren Restaurant ein Drei-Gänge-Menü. Oft bringen die Gäste eine Kleinigkeit mit, seien es Pralinen, Alkohol oder Blumen. Eine weitere Besonderheit können Sie an Silvester und Neujahr bemerken, wenn Sie zufällig die Gelegenheit haben, die Feiertage in Moskau zu verbringen.

Und seien Sie nicht enttäuscht, falls Sie am 24. Dezember glauben, russisches Weihnachten verpasst zu haben – den Feiertag gibt es erst am 7. Januar. Dieses Datum legte man nach dem alten julianischen Kalender fest. Anders als bei uns gibt es am Weihnachten hier keine Geschenke, man verbringt den Tag meinst in den Kreisen der Familie. Dafür stehen Silvester und Neujahr als Feiertage an erster Stelle.

An diesem Abend versammeln sich viele Einheimische und Touristen am Roten Platz, um gemeinsam das große Feuerwerk anzusehen, die schöne, mit Lichtern dekorierte Stadt zu genießen und einfach mal ausgiebig zu feiern. Wenn wir schon beim Feiern sind, in Moskau gibt es zahlreiche Möglichkeiten, abends mit Freunden auszugehen. Die meisten Einwohner Moskaus, wenn sie ausgehen, befolgen eine einzige einfache Regel – schick auszusehen. Besonders betrifft es Besuche im Theater, feine Restaurants oder

Diskotheken. Es gibt außerdem kleinere Unterschiede zwischen privaten und öffentlichen Begegnungen. So kommen zum Beispiel die Fremden, wenn man sie länger beobachtet, ein wenig zurückhaltend und vielleicht sogar ein bisschen kühl rüber, währenddessen man in privaten Kreisen sehr herzlich und mit viel Wärme empfangen wird.

Das ist gewöhnlich, denn in dem hektischen Alltag und zwischen der riesigen Menschenmasse hat man meist keine Zeit, um gemütlich zu plaudern. Darüber hinaus ist es über die Jahre entstandene Mentalität, die erst ruhig und zurückhaltend anfängt, doch im Endeffekt am Tisch mit Drei-Gänge-Menü endet.

5. Nachtschönheit und verstaubte Schuhe

Das Leben in der russischen Hauptstadt ist nicht weniger aufregend, selbst wenn man zu dem kleinen Teil von den 12 Millionen gehört und die Stadt bereits in- und auswendig kennt. Die Ansicht auf einen Städtebauplan zeigt deutlich, dass Moskau insgesamt von drei Ringen umgeben ist, von denen die zwei äußeren den vierten und dritten Verkehrsring darstellen und der innere ein sogenannter „Garten Ring" ist.[17] Da der Verkehr vor allem in den Stoßzeiten sehr lebendig ist und sich auf den Straßen viel Stau bildet, bevorzugen die meisten Einwohner der Stadt die Metro.

Die U-Bahn ist ein sehr praktisches und in öfteren Fällen schnelleres Verkehrsmittel als Auto oder Bus. Wer in Moskau lebt, hat sich bereits an die langen Fahrten der Metro gewöhnt, denn die meisten Einwohner brauchen ca. 30 Minuten bis 1,5 Stunden nur für eine Richtung, wenn sie zur Arbeit fahren. Laut russischer Suchwebseite „Yandex Immobilien" gehören rund 12 % zu den glücklichen, die über 1,5 Stunden zu ihrem Arbeitsplatz pendeln.[18]

Im Sommer trifft man besonders viele Kinder und Jugendliche unterwegs, denn die Sommerferien in Russland dauern ganze drei Monate! Viele Bewohner besitzen außerdem eine Datscha, ein Sommerhaus, welches meistens mehr oder weniger außerhalb des Zentrums liegt. Wenn die warme Sommerzeit beginnt, ziehen sich viele Menschen an ihre privaten Rückzugsorte zurück, weg von Metropolen und dem lauten Stadttrubel. In der russischen Geschichte und Kultur

---

[17] Wikipedia: Dritter Verkehrsring
[18] Yandex: Wie lange brauchen Moskauer für den Weg bis zur Arbeit und zurück

spielt dieses Gartenhäuschen, bei einigen mittlerweile schon eher moderne Villa, eine große Rolle. Besonders bei älteren Menschen ist die Datscha sehr beliebt, da sie zur Selbstversorgung dient und als ein Stück persönlicher Freiheit angesehen wird.

Die meisten Grundstücke beinhalten außer einem Sommerhaus eine Vielzahl an Obst und Gemüse: Kartoffeln, Tomaten, Gurken, Karotten, Apfel- und Kirschbäume und natürlich Blumen, hier fühlt man sich wie auf einem Wochenmarkt. Kein Wunder, dass man seine ganze Zeit für die Arbeit dem Garten widmet, aber am Ende ist die Freude über die eigene Mühe sehr groß.

Wenn Sie in der Stadt unterwegs sind, werden Sie schnell die typischen Wohnhäuser bemerken, die sich durch ihre einfache Form hervorheben. Sie kennen sicherlich die Karl-Marx-Allee in Berlin. Plattenbau sagt man auch bei uns dazu, klingt irgendwie negativ.

Aber machen Sie sich keine Sorgen, wenn Sie abends in einer solchen Gegend herumlaufen. Außer den neueren Hochwohnhäusern gibt es noch die fünfgeschossigen Wohnbauten, die aufgrund der Notlösung nach dem Zweiten Weltkrieg entstanden sind. Die „Chruschtschowka" getauften Blocks prägten genauso das Bild der Stadt wie auch die berühmten

Wolkenkratzer und Zuckerbäckerhochhäuser. Auch die Menschen, die dort wohnen, kommen aus allen Schichten. In der heutigen Zeit werden allerdings viele solcher fünfstöckigen Gebäude abgerissen, um Platz für neue Hochwohnhäuser zu schaffen.

Nachts ist die Stadt nicht weniger attraktiv, sie ist voller Leben und spannender Abenteuer. Im Zentrum, vor allem im Sommer, trifft man viele junge Leute, die lässig über den Boulevard schlendern oder in modernen Kultcafés sitzen und die warmen Sommernächte genießen. Aus den Restaurants nebenan ertönt die Musik, die Lichterketten, die zwischen den Altbauhäusern von beiden Straßenseiten aufgespannt sind, bringen ein gemütliches Ambiente mit sich.

Im Westen der Altstadt ragt Moskow City in den Himmel, ein modernes, futuristisches Ensemble, welches als internationales Moskauer Geschäftszentrum bekannt ist. Die luxuriösen Wohneinheiten, teure Hotels und Bürogebäude sehen mit dem Einbruch der Dunkelheit sehr spektakulär aus. Die Glasfassaden spiegeln beim Sonnenuntergang den Himmeln wider und eine Menge von Lichtern hebt die Gebäude deutlich von dem Hintergrund ab und lässt sie in der aufkommenden Dunkelheit glänzen. Doch, bevor Sie mit dem Stadtrundgang loslegen, gibt es hier an dieser

Stelle einen kleinen Tipp: Ziehen Sie sich bequeme Schuhe an! Am besten sind die, denen man nicht hinterhertrauert, weil sie am Ende des Tages voller Staub sind, wenn man die riesige Menge des Moskauer Verkehrs beachtet.

6. Zwischen den Gassen und großen Plätzen

Wenn Sie sich dazu entscheiden, nur ein paar Tage in der Stadt zu verweilen, dann sollten Sie einen groben Plan aufstellen, wann und was Sie besuchen wollen. Natürlich können Sie auch gern völlig spontan losgehen und schauen, was sich auf dem Weg ergibt, aber da Moskau viel zu bieten hat und es in der Stadt eine Menge von Sehenswürdigkeiten und anderen Attraktionen gibt, wäre es ratsam, sich die Sachen grob aufzuteilen. Außerdem können Sie auf diese Weise mehr Zeit einsparen und alle Highlights besser im Überblick behalten.

Die beste Zeit, um mit Spaziergängen und Exkursionen loszulegen, ist am frühen Morgen oder zur frühen Mittagszeit. Die meisten Einheimischen fahren zwischen circa 8 Uhr und 10 Uhr morgens zur Arbeit, das heißt, diese Zeit sollten Sie am besten meiden, denn die U-Bahn ist zu dieser Zeit völlig überfüllt.

Falls Sie sich doch dafür entscheiden, müssen Sie zuerst ein Ticket am Schalter, am Automaten oder im Onlineshop kaufen, denn alle Eingänge in die Metro sind mit den automatischen Drehkreuzen versehen. Mit einem Einzelticket können Sie sowohl die U-Bahn als auch Bus, Straßenbahn oder Tram nutzen.

Das Ticket ist fünf Tage gültig (ab dem Kaufdatum) und kostet unter einem Euro. Aber aufgepasst, Sie können zwar mehrere Strecken und Bahnen fahren, solange Sie sich im unterirdischen Bereich der Metro befinden, doch sobald Sie durch das Drehkreuz die U-Bahn verlassen, brauchen Sie ein neues Ticket. Grund dafür ist, dass es in Moskau keine unterteilten Zonen für die U-Bahn-Linien gibt. Außer dem Einzelfahrschein gibt es noch die aufladbare Karte „Troika", wobei die Einzeltickets schließlich günstiger sind als diese.[19] Selbstverständlich können Sie auch andere Verkehrsmittel nutzen, wie zum Beispiel Yandex oder Uber-Taxi, mit denen man auch relativ günstig zum Ziel kommt. Der einzige Nachteil, mit dem Taxi unterwegs zu sein, sind die vielen Ampeln und Staus, also planen Sie daher mehr Zeit ein. Dank der App können Sie problemlos und ohne russische Sprachkenntnisse solche Taxis anfordern.

Eine andere Möglichkeit, um sich fortzubewegen, besteht in Benutzung von E-Scootern und Leihrädern. Die E-Scooter befinden sich in extra dafür angebrachten Stationen und müssen mit der App wie zum Beispiel „Samocat Sharing" oder „Whoosh" freigeschaltet werden. Es gibt viele Fußgängerzonen und Fahrradwege, um bequem und unkompliziert fahren zu können.

Um ein City-Bike auszuleihen, müssen Sie sich zuerst auf der Moskauer Bikesharing-Webseite, der App oder an einem Terminal registrieren. Auf der App wird Ihnen gleich die nächste Mietstation angezeigt und nach dem Registrieren bekommen Sie eine SMS mit Ihrem persönlichen PIN-Code. Bevor Sie allerdings losfahren, sollten Sie den Akkustand prüfen. Und schon

---

19 Mosmetro: Fahrscheine für die Metro

kann es losgehen! Ein weiterer nützlicher Tipp, bevor Sie die Sehenswürdigkeiten besuchen, ist das Vorbestellen der Karten im Internet. So sparen Sie nicht nur Zeit, in der Sie sonst in Schlangen an dem Ticketschalter anstehen, die Karten gibt es in den meisten Fällen sogar günstiger, wenn Sie diese vorab online kaufen.

Oder Sie nutzen den Moskau-City-Pass, in dem die meisten Sehenswürdigkeiten enthalten sind. Mit diesem Pass bekommen Sie einen freien Eintritt zu über 40 Attraktionen und an manchen Sehenswürdigkeiten einen Zugang ohne Warteschlangen.[20]

Obwohl Moskau eine sehr große Stadt ist, befinden sich die meisten Highlights glücklicherweise im Zentrum oder in den naheliegenden Gegenden. Zu dem bekanntesten Sightseeing gehört natürlich der Rote Platz mit Kreml. Auch wenn man den Platz schon mehrmals in den Medien zu sehen bekommen hat, ist er in Wirklichkeit ziemlich beeindruckend und auf jeden Fall sehenswert!

Die Basilius Kathedrale, das direkt angrenzende Kaufhaus GUM und das Lenin-Mausoleum befinden sich um den Roten Platz herum. Sie können den Platz entweder über den Sarjadje-Park oder über das

---

[20] Katrin, Reisebloggerin: Viel-unterwegs, Unterwegs in Moskau

Auferstehungstor betreten. Tipp an dieser Stelle: beim Sonnenuntergang und mit dem Einbruch der Dunkelheit erstrahlen der Platz und die Basilius Kathedrale besonders schön! Die Metro-Linien 1, 2, 4 mit den Stationen „Ochotny Rad", „Teatralnaja" und „Aleksandrowski Sad" bringen Sie direkt dahin.

Und wenn Sie schon am Roten Platz sind, dann sollten Sie einen Blick hinter die Mauern vom Kreml werfen. Auch an dieser Stelle ist es empfehlenswert, ein Ticket vorab zu reservieren. Im Inneren des Kremls befindet sich ein Komplex aus vielen Plätzen und Kathedralen. Auch die Rüstungskammer, ein Museum der angewandten Kunst, ist hier vorzufinden. Die Kammer gehört zu den bekanntesten Museen Russlands.

Das Gebäude, in welchem sich das Museum befindet, stammt aus dem Jahr 1851 und ist offen für die Besucher, sowohl im Rahmen einer Führung als auch individuell. Hier entdecken Sie historische Waffen, Juweliererzeugnisse und Unikate aus Gold und Silber aus dem Zeitraum von dem 13. bis 19. Jahrhundert. Ursprünglich war es große Sammlung von Werkstätten, in denen Künstler des Eisen-, Silber- und Goldschmiedehandwerks tätig waren. Außerdem arbeiteten hier Juweliere und Ikonenmaler aus verschiedenen Gegenden Russlands, aber auch aus Europa. Doch erst ab dem

18. Jahrhundert unter der Herrschaft von Peter I. wurde die Hofwerkstatt in ein Museum umgewandelt. Die Räumlichkeiten wurden mit der Zeit zu klein für all die Gegenstände und Waffen und daraufhin wurde das Areal mit ein paar zusätzlichen Gebäuden erweitert. Nach der Oktoberrevolution, nachdem das Museum lange Zeit geschlossen war, wurde es im Jahr 1924 als „Museum für Angewandte Kunst" wiedereröffnet. Nach dem Zweiten Weltkrieg erhielt das Museum seinen ursprünglich historischen Namen – „Die Staatliche Rüstkammer."[21]

Außer der Rüstungskammer steht hinter der Kremlmauer der Große Kremlpalast, welchen man von Weitem auf dem Hügel erblickt und welcher ein wichtiger Bestandteil des architektonischen Ensembles ist. Der Palast wurde in den Jahren 1838 bis 1849 nach den Entwürfen des Architekten Konstantin Thons erbaut.

Von außen präsentiert sich das Gebäude eher schlicht, zwar sind viele aneinander gereihte Fenster zu sehen, die mit einigen Verzerrungen gestaltet sind, doch im Inneren wurden die Räumlichkeiten sehr prunkvoll ausgearbeitet. Der Palast unterteilt sich in einen großen Teil für Empfänge und Feierlichkeiten

---

[21] Russlandjournal: Kreml in Moskau, die Rüstkammer

und der andere Teil erschließt sich aus den Bereichen für die Zarenfamilie. Weiter im Obergeschoss befinden sich vier von fünf Festsälen, der Georgsaal, der Andreassaal, der Alexandersaal und der Katharinensaal.

Der Wladimirsaal befindet sich in der Erdgeschossebene. Die Säle wurden nach den fünf bekanntesten Staatsorden benannt, welche im Zarenreich vergeben worden sind. Die Räumlichkeiten sind durch Pylonen unterteilt und jedes Teil wurde im eigenen Stil ausgearbeitet, wie zum Beispiel im Stil Barock, Klassizismus und Rokoko.[22]

Eine weitere besondere Sehenswürdigkeit, die sich direkt auf dem Roten Platz befindet und zum Stadtteil Kitai-Gorod gehört, ist das Kaufhaus GUM. Das wunderschöne Gebäude beeindruckt nicht nur von außen, sondern auch von innen und lädt die Passanten zum Bummeln oder einfach mal zum Flanieren ein. Außerdem zählt das Kaufhaus neben dem Roten Platz und dem Kreml zum UNESCO-Weltkulturerbe. Die Fassade, die sich entlang des Roten Platzes erstreckt, ist ganze 250 Meter lang. Das Gebäude ist im Inneren auf den ersten Blick ein wenig verwirrend, denn es besteht aus 16 Teilgebäuden, die mit Durchgängen und

---

[22] SKR Reisen: Moskauer Kreml, das Herz des Kremls – der Große Kremlpalast

Galerien verbunden sind. Diese Form des Bauens findet man häufiger in der Architektur der zweiten Hälfte des 19. Jahrhunderts und ist dem westeuropäischen Teil zuzuschreiben. GUM ist eine Abkürzung und steht übersetzt für „das staatliche universelle Kaufhaus". Zu der Sowjetzeit konnten die Einheimischen hier so gut wie alles finden, denn hier gab es Ware aus dem Ausland, die man sonst im ganzen Land so gut wie nirgendwo vorfinden konnte.

Das heutige Kaufhaus, wie man es gegenwärtig vom Roten Platz erblickt, wurde im Jahr 1893 im pseudorussischen Stil erbaut. Hier finden Sie zahlreiche luxuriöse Läden, aber auch Restaurants, Cafés und ein Kino. Viele Einheimische und Touristen halten sich allerdings nicht in den Geschäften auf – der beliebteste Ort im GUM ist der Brunnen, an dem alle paar Sekunden ein Foto gemacht wird.

Früher befanden sich an der Stelle des Kaufhauses viele kleine Holzstände, die im Mittelalter zu einem Markt zusammengestellt waren. Da es mit der Zeit immer unübersichtlicher wurde, entschied Katharina die Große, ein Handelsgebäude im klassizistischen Stil bauen zu lassen. Das Gebäude wurde im Lauf der Zeit einige Male umgebaut und nach dem großen Brand im Jahr 1812, welcher das Kaufhaus stark beschädigte,

wurde der Architekt Giuseppe Bova mit dem Wieder-
aufbau beauftragt. Im Jahr 1869 kam es zu einer Neu-
gestaltung und schließlich im Jahr 1893 wurde das Gebäude, so wie es heute steht, feierlich eröffnet.[23] Ein
tolles Bauwerk, welches Ihnen als Sightseeing nicht
entgehen sollte!

Weiter östlich vom Roten Platz befindet sich einer
der ältesten Stadtteile Moskaus – Kitai-Gorod. Es ist
ein historisches Viertel mit vielen denkmalgeschützten
Bauwerken und sollte am besten zu Fuß erkundet werden. Dort gibt es tolle Einkaufsstraßen, die nachts
schön beleuchtet sind, also lassen Sie sich treiben!

Nördlich des Kremls verläuft die Twerskaja Straße
und wird auch als „Broadway Moskaus" bezeichnet. In
den Seitenstraßen finden Sie zahlreiche Cafés, coole
Läden und andere kleinere Geschäfte. Auch pracht-
volle Architektur gibt es hier zu bewundern. Wenn Sie
sich östlich der Straße halten und in den Strastnoi Bul-
war 4 abbiegen, entdecken Sie eine Reihe verwinkelter
Hinterhöfe mit Kneipen und Bars. So verdichtet wurde
zur Zeit der Zaren gebaut.

Ein wenig weiter südlich der Twerskaja Straße befindet sich das weltberühmte Bolschoi-Theater. Das

---

[23] Russland erleben: GUM Kaufhaus Moskau (Luxus im größten
Kaufhaus Russlands)

Gebäude im neoklassizistischen Stil besteht seit 1776 und bietet Opern, Balletts und Konzerte in einem prachtvollen Ambiente an.[24]

Wenn Sie eine Vorstellung im Theater erleben möchten, sollten Sie Ihren Besuch rechtzeitig einplanen, denn der Kartenvorverkauf beginnt drei Monate vor der jeweiligen Aufführung. Auf dem Plan stehen sowohl die Klassiker der russischen als auch ausländischen Komponisten. Für viele ist der Besuch des Bolschoi-Theaters ein Höhenpunkt der Reise nach Moskau, denn schließlich ist das ein einzigartiges Erlebnis! Die naheliegende Metro-Station heißt „Teatralnaja" oder „Ochotny Rad".

Eine weitere kulturreiche Sehenswürdigkeit stellt die Arbat-Meile dar, welche westlich vom Bolschoi-Theater liegt. Es ist eine richtige Künstlerstraße und ist wohl die beliebteste Flanier-Meile in Moskau. Auf dem Arbat ist es immer was los – viele Maler, Musiker und Straßenkünstler versammeln sich hier, es gibt zahlreiche Souvenirstände und Künstlerläden. Falls Sie also auf der Suche nach einer typischen russischen Matroschka sind, hier finden Sie die Holzpuppe in allen möglichen Variationen. Außerdem gibt es hier ein

---

[24] Russlandjournal: Bolschoi Theater in Moskau, die Geschichte des Bolschoi Theaters

abwechslungsreiches Unterhaltungsprogramm und viele kleine Cafés und Restaurants laden Sie zu einer Pause ein. Vor allem die Moskauer selbst lieben diese Straße für ihren ganz besonderen Flair. Auf jeden Fall einen Besuch wert!

Wer sich mehr in das kulturelle Programm der Stadt eintauchen möchte, sollte der Tretjakow Galerie einen Besuch abstatten. Sie ist das größte Museum Russlands für nationale Kunst und beinhaltet eine reiche Sammlung an Gemälden und weiteren Kunstschätzen. Das bekannteste und beliebteste Museum erwartet Sie von Dienstag bis Sonntag in der Lawruschinskij-Gasse 10. Auf der Webseite der Galerie gibt es Informationen über Tickets und genauere Öffnungszeiten und außerdem die aktuellen Ausstellungen. Die U-Bahnstation „Tretyakovskaya" liegt direkt vor dem Museum und ist gut zu Fuß zu erreichen.

Eine andere interessante Sehenswürdigkeit ist der sogenannte VDNCh-Park, der ein bisschen außerhalb des Zentrums liegt. Im Park gibt es eine Ausstellung der sowjetischen Errungenschaften der Volkswirtschaft und er ist ein Komplex aus vielen Museen, Ausstellungen und Grünflächen. Für dieses Highlight sollten Sie mehr Zeit einplanen, denn der Park ist wirklich groß! Nirgendwo auf der Welt gibt es einen vergleichbaren Park. Hier erwartet Sie ein Ausmaß an Architektur und Kunst aus der Sowjetzeit, der Komplex dient als Mittelpunkt der sowjetischen Ideologie.

In der Nähe gibt es außerdem das Moskauer Kosmonauten-Museum und der Ostankino-Park mit dem 540 Meter hohen Fernsehturm. Am aufregendsten ist der Eingang zum Park von der U-Bahnstation „VDNCh", von dort aus gehen Sie am besten nach links in Richtung Kosmpark. Hier erstreckt sich eine lange Allee, an deren Ende das beeindruckende 110 Meter hohe Monument „Den Eroberern des Weltalls" in den Himmel ragt. Und wenn Sie weiter der Allee folgen, sehen Sie zu Ihrer Linken den großen Vorplatz und den Haupteingang zum VDNCh Park. Der Eintritt ist übrigens kostenlos!

Und natürlich sollten Sie an dem Puschkin-Museum nicht vorbeigehen, dem staatlichen Museum für bildende Künste in Moskau. Es ist das größte Museum für ausländische Kunst in Russland, es umfasst Werke von der Antike bis in die Gegenwart. Im Erdgeschoss befindet sich antike Kunst, unter anderem die Exponate aus dem alten Ägypten, Mesopotamien, Griechenland und Rom. Auch die westeuropäischen Maler und Künstler finden Sie in der Erdgeschossebene, solche wie Rubens, Rembrandt, Botticelli und Pietro Perugino.

Weiter im Obergeschoss sind Skulpturen aus dem antiken Griechenland und Rom sowie Bildhauerei aus dem Mittelalter und Renaissance untergebracht. Hier gibt es außerdem die größte Sammlung von französischen Impressionisten, die es in Russland gibt.

Edgar Degas, Édouard Manet, Auguste Renoir, Claude Monet und viele mehr schmücken die Wände der Ausstellung. Aber auch Expressionisten wie Matisse, Picasso und van Gogh sind bei dem Museumsrundgang zu erwähnen.[25] Zu dem Museum gelangen Sie am besten über die Metrostationen „Kropotkinskaja", „Borowitskaja", oder „Lenin Bibliothek".

Übrigens, wenn Sie gern Flohmärkte besuchen, werden Sie auch in Moskau fündig. Hier gibt es gleich mehrere Flohmärkte, die zu einer regelmäßigen Zeit stattfinden. Zum Beispiel der Flohmarkt in Novopodrezkowe ist der größte in ganz Russland, hier finden Sie diverse Sachen, angefangen mit antiken Münzen bis zu den seltenen Schmuckstücken und historischen Büchern. Die Preise sind angemessen und die Verkäufer sind trotzdem für das Verhandeln offen. Jeden Samstag und Sonntag ist er für Besucher von 6 Uhr

---

[25] Russlandjournal: Pushkin Museum der Bildenden Künste

morgens bis 18 Uhr abends geöffnet.[26] Der Flohmarkt liegt zwar außerhalb des Zentrums und der Weg nimmt ein wenig Zeit in Anspruch, ist aber einen Besuch wert.

Ein anderer Ort, um tolle Schätze zu finden, befindet sich auf dem Izmailowsky-Markt. Er ist der bekannteste und am besten organisierte Markt in Moskau. Der Platz ist in mehrere Teile unterteilt, damit sich die Besucher besser orientieren können. Hier finden Sie sowohl die typischen Souvenirs als auch antike Möbel und alte Gemälde. Mit der Metro bis zur Station „Izmailowo" kommen Sie am schnellsten dahin.

Ein weiterer toller Flohmarkt, auch „Bloshka na Tishinke" genannt, befindet sich auf dem Tishinskaja-Platz, Haus 1. Hier gibt es kaum billiges Trödelzeug, es ist eher eine Ansammlung von Vintage-Sachen und antiken Schätzen. Gegenstände aus dem Privatbesitz zu verkaufen, ist hier verboten, der Flohmarkt findet viermal im Jahr statt.

Der Flohmarkt befindet sich direkt im Zentrum und ist an der Arbatskaja Straße vorzufinden. Alternativ oder zum Ausklang des Tages kann man auch eine Bootstour auf der Moskwa unternehmen, um die Stadt

---

[26] Yandex: Bablam.ru, Ausstellungen, Märkte und Festivals, Flohmarkt in Novopodrezkowe

aus einer anderen Perspektive zu erleben. Der Steg befindet sich am Kiew-Bahnhof, die Tickets finden Sie auf Webseiten wie „Musement" oder auf „GetYourGuide". Eine Fahrt dauert in der Regel zwei bis drei Stunden und Verpflegungen gibt es am Bord ebenfalls.[27]

Selbstverständlich ist es nur eine kleine Aufzählung von den vielen Sehenswürdigkeiten, die Moskau noch zu bieten hat. Dennoch sind es Highlights, die Sie auf keinen Fall verpassen sollten und die zu den wichtigen und bedeutsamen Erlebnissen der Stadt gehören. Sie werden nicht enttäuscht sein!

---

[27] Getyourguide: Moskau Bootstouren und Flussfahrten

7. Schlafen mit Stil für jeden möglich

Ein weiteres wichtiges Thema, wenn man sich auf Reisen befindet, ist das Thema der Unterkunft. Die Frage des Bettes sollte man lieber nicht vernachlässigen, denn ein guter Platz zum Schlafen zählt ebenfalls zu den besonderen Erlebnissen auf der Reise.

Da Moskau recht teuer sein kann, was natürlich nicht unbedingt der Fall sein muss, und außerdem eine Menge an verschiedenen Hotels und Übernachtungen zu bieten hat, sind an dieser Stelle ein paar interessante und bezahlbare Hotels und Hostels zu erwähnen, die das Heimkehren nach einem langen Tag viel angenehmer gestalten. Ein kleiner Tipp nebenbei: Um die Stadt auf einem schnelleren Weg erkunden zu können und um die Zeit zu sparen, ist es ratsam, ein Hotel in der Nähe einer Metro-Station aufzusuchen. Haben Sie schon mal in einer Erdbeer-Ente übernachtet?

Das Hostel „Strawberry Duck Moscow" gibt es erst seit 2019 und es liegt in der Nähe der Metro Stationen „Turgenewskaja" und „Chistye Prudy". Es ist 2,3 Kilometer vom Roten Platz entfernt, also noch gut vom Zentrum erreichbar. Die moderne Designeinrichtung überzeugt die Besucher mit bequemen Betten und modernen Möbeln und jedes Zimmer ist mit seiner eigenen Dekoration versehen.

Es ist so stylish eingerichtet, dass die Wände von Innen teilweise die alte Mauerwerkstruktur aufweisen und somit eine tolle Atmosphäre erzeugen! Außer den Doppelzimmern gibt es hier Betten im 4er, 6er, 8er, 10er oder 12er-Zimmer oder aber spezielle Zimmer nur für Frauen und nur für Männer. Die Preise variieren zwischen 9 und 14 Euro pro Nacht, können sich aber infolge der Zimmerauswahl oder Saison ändern.[28] Tolles Personal und eine Top-Lage erwarten Sie hier! Ein weiteres tolles Hotel, welches vom Preisverhältnis ein

---

[28] Booking.com: Strawberry Duck Moscow

wenig teurer als „Strawberry Duck" ist, aber dennoch immer noch im bezahlbaren Bereich liegt, ist das Hotel „WineWood Moscow". Es ist ein 4-Sterne-Hotel und ist erst seit 2018 eröffnet. Das Hotel befindet sich an der Metrostation „Krasnopresnenskaja", welche 2 Kilometer vom Arbat entfernt ist.

Das Gebäude liegt in einer ruhigen Lage, verfügt über einen Gartenblick und ist in einer Backstein-Optik eingerichtet. Wie der Name schon sagt, spielt Wein hier eine große Rolle. Jedes Zimmer ist mit eigenem Bad und einer Dusche ausgestattet und jeden Morgen wird ein leckeres Frühstück serviert.

Auch Retro-Schätze wie Schallplatten oder schöne Weinflaschen sind gut in den Gästebereichen des Hotels in Szene gesetzt. Für ein Doppelzimmer beginnen die Preise ab circa 47 Euro, je nach Belegung, Saison und Zimmerauswahl.[29]

Wenn Sie etwas mehr für ein Hotel ausgeben und inmitten des Zentrums übernachten möchten, bietet das Hotel „Pentahotel Moscow Arbat" eine Möglichkeit, in einem 4-Sterne-Design-Hotel zu verweilen. Die Einkaufsmeile Arbat liegt in unmittelbarer Nähe des Hotels und die Metrostation „Arbatskaja" ist schnell zu

---

[29] Booking.com: WineWood Moscow

erreichen. Das Hotel verfügt über sehr moderne, hochwertig eingerichtete Zimmer und hat außerdem ein Fitnesscenter, eine Terrasse und eine Gemeinschaftslounge. Vom Hotel aus haben Sie einen atemberaubenden Ausblick auf die Innenstadt, die meisten Sehenswürdigkeiten sind sehr gut zu Fuß zu erreichen. Morgens gibt es hier ein abwechslungsreiches Frühstücksbuffet und außerdem superfreundliches Personal. Die Preise für ein Doppelzimmer beginnen bei 100 Euro, je nach Belegung, Zimmerauswahl und/oder Frühstücksoption.[30]

Neben den kleinen, lokalen Hotels gibt es auch zahlreiche internationale Hotelketten und auch nationale Unterkünfte mit hoher Qualität. In den letzten Jahren nahm die Zahl an internationalen Hotelketten stark zu, zum Beispiel solche wie Marriott, Hilton, Best Western oder Swisshotel sind in der Stadt oftmals vertreten.

Auch Ferienwohnungen sind mit der Zeit immer beliebter geworden, es ist eine gute Alternative, wenn Sie mit Ihrer Familie oder in einer Gruppe verreisen. Viele dieser Wohnungen sind im Zentrum vorzufinden, meistens sind es alte klassische Gebäude aus den

---

[30] PentaHotels: Pentahotel Moscow

Sowjetzeiten, die für die touristischen Zwecke renoviert und umgestaltet wurden. Wenn Sie Interesse an einer solchen Unterkunft haben, finden Sie diese bei Airbnb oder anderen ähnlichen Plattformen.

8. Barocke Restaurants und moderne Kaffeestuben

Die Stadt ist bekannt für ihre nationale sowie internationale Küche und ist seit einigen Jahren ein richtiger Treffpunkt für kulinarische Liebhaber geworden. Wenn es zu Sowjetzeiten nur wenige Lokale mit regionalem Angebot an Essen und Trinken gab, so gibt es heute zahlreiche Auswahl an unterschiedlichsten Cafés und Restaurants mit über 120 Nationalitäten, die ihre Kreation anbieten. Ganz egal, wo Sie in Moskau unterwegs sind, entdecken Sie an jeder Straßenecke ein Lokal. Sushi-Bars erleben ihr Wachstum durch die Moskauer Mittelschicht, Frühstückscafés füllen sich jeden Morgen sowohl mit Einheimischen als auch mit Touristen und schicke Restaurants wird in der reichen Hauptstadt wohl immer geben.

Dank dem fast überall vorhandenen WLAN sieht man viele junge Leute und Freiberufler in den kleinen gemütlichen Cafés am Laptop arbeiten. Die Atmosphäre stimmt, das Essen auch. Da es in Moskau sowie in anderen Teilen Russland keine Ruhetage gibt, sind viele Lokale oft von mittags bis Mitternacht geöffnet.

Außer den europäischen Cafés sind in Moskau reichlich Restaurants aus der georgischen, aserbaidschanischen und armenischen Küche vertreten. Dort bekommen Sie eine Menge an Essen und Trinken und dazu noch laute Livemusik.

In der einheimischen Gastronomie, wenn Sie sich dazu entschließen, das volle Programm an mehreren Gängen zu verkosten, gibt es im Vorfeld unzählige Vorspeisen, Platten mit Fisch und Fleisch, Pfannkuchen mit Pilzen oder Eingelegtem. Als Vorspeise wird meistens eine Suppe serviert, zu fast allen Gerichten gibt es außerdem Brot. Darauffolgend können Sie entweder Pelmeni – russische Teigtaschen mit jeglicher Füllung – bekommen, Golubtsi – gefüllte Kohlblätter –, Rinderbraten russischer Art oder Buchweizen mit Fleisch. Zum Schluss sollten Sie als Nachttisch entweder Blini – Pfannkuchen mit Saurer Sahne oder mit Marmelade, bestellen oder Oladji, auch eine Art Pfannkuchen nur mit Buchweizen, natürlich mit einem schwarzen Tee serviert.

Das russische Essen ist auf jeden Fall sehr sättigend, also lassen Sie sich zwischen den Gängen ruhig Zeit! In Moskau gibt es eine große Auswahl an russischer Küche und leider kann man sie an dieser Stelle nicht vollständig benennen, sonst wäre diese Liste viel zu lang geworden. Mit Sicherheit werden Sie in der Stadt auch weitere, tolle Lokale aufstöbern, aber ein Restaurant sollte hier zweifellos erwähnt werden:

Das wohl berühmteste Restaurant „Café Puschkin", benannt nach dem bedeutenden russischen Schriftsteller Alexander Puschkin, ist nicht nur aufgrund seiner erstklassigen russischen Küche bekannt, sondern auch der Standort selbst ist zu einer Art Sehenswürdigkeit geworden.

Kein Wunder, denn das Lokal befindet sich in einer barocken Villa mit antikem Interieur, großen Holzfenstern und mit Stuck versehenen Wänden. Die

Geschichte des Restaurants ist ebenfalls interessant. Gilbert Becaud, ein französischer Chansonnier, war vor über 50 Jahren beruflich in Moskau unterwegs und als er zurück nach Frankreich kam, schrieb er den Song „Nathalie".

Folgende Strophen findet man in diesem Lied wieder: „Mit ernstem Tonfall erzählte sie von der Oktoberrevolution, ich dachte bereits daran, dass wir – nachdem wir bei Lenins Grab gewesen waren – ins Café Puschkin gehen würden, um eine Schokolade zu trinken". Der Song entwickelte sich zu einem Hit, doch jedes Mal, wenn die Franzosen in Moskau unterwegs waren, suchten sie vergeblich nach dem geheimnisvollen Ort namens „Café Puschkin", den es in Wirklichkeit gar nicht gab.

Diese Idee inspirierte Andrey Dellos, den Gründer von Maison Dellos Holding, ein solches Restaurant zu eröffnen, welches traditionelle russische Küche anbietet. Außer der bedeutsamen Geschichte des Hauses gibt es noch andere interessante Fakten über die Inneneinrichtung. In den 1780er-Jahren entschloss sich ein Adliger aus dem Zarenpalast Katharina der Großen, ein Haus in Moskauer Stadtzentrum zu bauen, und ließ dafür italienische Architekten herrufen. Sie analysierten und erforschten russische Architektur und entwarfen daraufhin ein Gebäude im barocken Stil. Jahre später erbte ein deutscher Adliger das Haus und infolge seiner finanziellen Probleme war er dazu gezwungen, das Haus zu einer Apotheke umzubauen.

So befand sich in den Erdgeschossräumen die Apotheke selbst und oben errichtete man eine Bibliothek. Die Besucher, wenn sie auf die Arzneimittel warteten, bekamen währenddessen einen Tee, Kaffee oder heiße Schokolade serviert. So entstand ein kleines Café im Erdgeschoss des Hauses. Bis heute kann man noch im Interieur die Gegenstände des damaligen Besitzers entdecken – antike Gemälde, Weltkugel, Mikroskope und Teleskope verraten sein Interesse zu Naturwissenschaften.

Auf den Apothekerschränken entdecken Sie noch die Vorratsflaschen, in denen die Arzneimittel aufbewahrt wurden. Genau wie die historischen Besonderheiten enttäuscht auch das Essen Sie nicht. Das Konzept des Restaurants besteht aus einer Mischung aus russischer und französischer Küche und ergibt somit eine spektakuläre Verkostung dieser beiden Länder. Zum Frühstück gibt es hier frischgepresste Säfte, traditionelle Gerichte wie Blini, Kaviar, hausgemachte Marmelade oder französische Backwaren. Zum Mittagstisch bekommen Sie verschiedene Arten von

Suppen, eingelegte Kreationen, eine Vielzahl an Petits Pâtés, Pelmeni oder Gerichten aus Fleisch und Fisch. Das einzigartige Lokal finden Sie auf dem Twerskoj Boulevard 26 A, die Metrostation „Puschkinskaya" ist in der direkten Nähe. Außerdem sollte Sie vorher reservieren, da das Restaurant sehr gut besucht wird.[31]

Wer sich allerdings vegan oder vegetarisch ernährt, sollte unbedingt in dem kanadischen Café „Fresh" vorbeischauen. Alle Gerichte werden hier vegan serviert und es gibt tolle Variationen an frischen Zutaten.

Mit viel Kreativität bekommen Sie im „Fresh" Falafel-Platten, Bambus-Salate, Seitan-Avocado-Burger oder Flachs-Humus und noch viel mehr. Bei den Gerichten kommt es nicht nur auf die geschmacklichen Faktoren an, auch Ästhetik spielt hier eine große Rolle. Die riesige Smoothie-Auswahl ist an dieser Stelle ebenfalls erwähnenswert.

Das Café ist modern und stylish eingerichtet und die Preise sind für Moskauer Verhältnisse sehr angemessen. Das gemütliche Café finden Sie in der Straße Bolshaja Dmitrovka 11, die nächstgelegene

---

[31] Café Pushkin: Maison Dellos, Moscow-Paris, Geschichte und Menü

Metrostation ist „Teatralnaja“.[32] Ein weiterer interessanter Ort namens „Lyudi kak Lyudi“ erwartet Sie im historischen Stadtteil Kitai-Gorod. Dieses winzige Restaurant, welches man leicht beim Vorbeigehen übersehen kann, bietet das beste Mittagessen der Stadt an. Serviert werden eine Suppe, ein Salat und eine hausgemachte Pastete oder Sandwich und es ist sehr preiswert.

Den hervorragenden Kaffee, leckere Obst-Smoothies, Milchshakes und Käsekuchen sollten Sie auf keinen Fall verpassen. Lockeres und entspanntes Ambiente mit jungen und älteren Einheimischen füllt jeden Abend den mit Ziegelwänden und großen Fenstern eingerichteten Raum. Es lohnt sich, hier vorbeizuschauen! Das Café finden Sie an der Metrostation „Kitai-Gorod“, in der Straße Solyanskiy Tupik 1/4.

---

[32] Momondo Team: Top 10: hervorragende und günstige Restaurants in Moskau

9. Unter der Erde und über den Dächern

Abseits der bekannten Highlights Moskaus gibt es außerdem ein paar andere Geheimorte und Plätze, die einen Besuch wert sind und von denen vielleicht nicht jeder weiß. Wenn Sie mit der Metrolinie 1 zu der Station „Worobjowy Gory" fahren, finden Sie sich auf den sogenannten „Sperlingsbergen" wieder.

Es ist eine bis zu etwa 70 Meter hohe natürliche Erhebung, die sich inmitten einer Parkanlage erstreckt. „Worobjowy Gory", wie sie im Russischen genannt werden, sind eine der schönsten Landschaften in der Stadt und ein beliebter Erholungsort der Einheimischen. Von hier aus können Sie den weiten, atemberaubenden Ausblick auf den naheliegenden Wald und den Fluss Moskwa genießen oder einen Spaziergang in der einzigartigen Landschaft machen. Danach sollten Sie eine Station weiterfahren und an der „Universitet" aussteigen.

Wenn Sie sich hier auf dem Lomonosovskiy Prospekt in nordwestlicher Richtung halten, erblicken Sie nach einer kurzen Zeit zu Ihrer Rechten einen kleinen Park mit dem Lomonossow-Denkmal und im Hintergrund ragt das prächtige Gebäude der Lomonossow-Universität empor.

Das 240 Meter hohe Gebäude ist von außen sehr beeindruckend und die umliegenden Parks mit Sitzmöglichkeiten lassen Sie vergessen, dass Sie im lauten Zentrum Moskaus sind. Am besten sollten Sie die Gegend in der Zeit besuchen, wenn die Studenten und Schüler Sommerferien haben, dann ist dieser Ort voller Ruhe und Entspannung und das Uni-Gebäude hat sogar etwas Mysteriöses an sich, wenn es so leer steht.

Ein weiterer Geheimtipp, der wahrscheinlich wirklich sehr geheim ist und den nicht jeder erlebt hat, ist, wenn Sie früh am Morgen mit der Metro fahren.

Hört sich auf den ersten Blick langweilig an, aber glauben Sie es: Es ist ein völlig anderes Gefühl, als wären Sie zu den Stoßzeiten oder gegen Mittag mit der U-Bahn unterwegs.

Um 6 Uhr morgens sind die Metrowagons leer und man sieht nur sehr wenige Leute, die hier einsteigen. Im Sommer, wenn die Fenster der Waggons geöffnet sind und die U-Bahn mit 40–50 km/h in die Dunkelheit rast, bleibt einem für einen kurzen Augenblick der Atem stehen. Es ist wie ein Gefühl der Entspannung und gleichzeitig etwas Aufregendes, ein Gefühl, welches Ihnen ganz bestimmt in Erinnerung bleibt!

Auf der Urban-Tour darf Ihnen außerdem dem Danilovsky-Markt nicht entgehen. Es ist eine Markthalle, die früher als ein lokaler Markt für die Bauern diente.

Nach dem Umbau präsentiert sich das Gebäude hell, modern und zeitgemäß und natürlich mit vielen tollen Sachen. Egal, ob Fisch, Kaviar, Dumplings oder Gemüse, Sie sollten unbedingt eine Kleinigkeit davon probieren. Auch die russische Limo „Mors", die aus Beerenobst wie Waldbeeren, Heidelbeeren oder Himbeeren gewonnen wird, gibt es hier zu verkosten. Und natürlich viele verschiedene Süßigkeiten, unter anderem aus Dagestan oder Georgien. Zu dem Markt kommen Sie am besten mit der Metro bis zur Station „Tulskaya".

Außerdem sollte man hier einen weiteren Geheimtipp einbringen, welcher ein außergewöhnliches Ereignis darstellt: „Savvinskoye Podvorye" ist ein Gebäude, dessen Fassade von außen sehr detailliert und aufwendig gestaltet ist. Auch die kleinen Türme auf dem Dach sehen bemerkenswert aus, aber noch spannender ist die Geschichte dieses Hauses, welche sich in einer Nacht im Jahr 1934 ereignete.

Das Gebäude wurde nach dem Jahr 1900 errichtet und für die damaligen Verhältnisse in modernem Stil gebaut. Später, zu der Zeit Stalins, wurden viele Straßen breiter ausgebaut, unter anderem auch die Twerskaja Straße, die schon damals 20 Meter Breite aufwies, doch Stalin ließ sie auf 42 m verbreitern.

Aus diesem Grund wurden viele Häuser abgerissen, aber einige wurden einfach nach hinten verschoben. „Savvinskoye Podvorye", damals ein gewöhnliches Wohnhaus, wurde in einer Nacht um ganze 50 Meter in das Blockinnere verlegt. Und das, während die Bewohner des Hauses schliefen! Dank dieser Versetzung, welche unter dem Ingenieur Emmanuel Gendel geschah, weiß man heute, dass das Gebäude 24.000 Tonnen wiegt. Außer dem „Savvinskoye Podvorye" wurden noch das „Mossovet Gebäude" und eine Druckerei per Stahlträger versetzt. Es sind nicht die einzigen Gebäude, die damals in Russland verschoben wurden. Diese Art von Tradition wurde auf mehrere Häuser übertragen, im Jahr 1936 wurde in Moskau sogar eine Abteilung geschaffen, die sich mit der Frage der Verschiebung von Gebäuden beschäftigte.[33] Eine unglaubliche, aber wahre Geschichte!

Zu guter Letzt, wenn Sie abends am Ufer des Flusses Moskwa flanieren und am Sarjadje-Park vorbeigehen, sollten Sie sich unbedingt auf die „Flying Bird" stellen, um einen besseren Blick auf die Stadt und den aufkommenden Sonnenuntergang zu bekommen. „Flying Bird" ist eine 70 Meter lange und über den Fluss ragende Fußgängerbrücke und gleichzeitig eine Aussichtsplattform.

Der direkt anliegende Park entstand nur nach drei Jahren Bauzeit an der Stelle, an welcher das abgerissene Hotel Rossija stand. Im Jahr 2018 wurde der Park vom Time Magazine in die Liste der „The World´s Greatest Places To Visit" aufgenommen.[34]

---

[33] MosKultInfo: Newsletter für Deutschsprachige in Moskau, Verschobene Häuser
[34] Katrin, Reisebloggerin: Viel-unterwegs, Unterwegs in Moskau

10. Anreise und weitere nützliche Tipps

Bevor Sie nach Moskau reisen, benötigen Sie ein Visum für Russland. Das Touristenvisum können Sie entweder in einem Reisebüro oder in einem Konsulat beantragen, dessen Standorte sich in Berlin, Bonn, Frankfurt am Main, Hamburg, Leipzig und München befinden.

Den Visa-Antrag gibt es auf der Webseite der Konsulatsabteilung des Ministeriums für auswärtige Angelegenheiten der Russischen Föderation. Die Anreise nach Moskau ist am bequemsten mit einem Flugzeug und kann durch die Fluggesellschaften wie Lufthansa oder Aeroflot erfolgen. Da Moskau ganze vier internationale Flughäfen hat, müssen Sie darauf achten, an welchem Flughafen Sie landen werden. Die Flughäfen Domodedovo und Sheremetyevo liegen am weitesten vom Stadtzentrum entfernt, werden aber am meisten angeflogen.

Bei der Ankunft an der Passkontrolle erhalten Sie eine Migrationskarte, die Sie immer im Pass dabeihaben sollten, da sie für die Registrierung im Hotel benötigt wird. Bei der Ausreise wird das Dokument wieder abgegeben.

Am Flughafen angekommen, werden Sie sich leicht orientieren können, da es sämtliche Schilder, Aushänge und Durchsagen auf Englisch gibt. Um in die Stadt zu kommen, gibt es mehrere Möglichkeiten, eine der besten und schnellsten davon ist der Flughafenzug Aeroexpress. Ein Einzelticket mit dem Aeroexpress zweiter Klasse für die Fahrt kostet nur knapp über 3 Euro. Außer den schnellen Zügen gibt es noch Express-Busse, die zwischen den Flughäfen und der Stadt verkehren, hier kostet ein Einzelticket für eine Fahrt 2,30 Euro.

Die Züge haben ihren festen Ankunftsort, so hält der Zug vom Flughafen Sheremetyevo am

weißrussischen Bahnhof an, der Zug vom Domode-
dovo am Pawelezer Bahnhof und der Aeroexpress aus
Vnukovo am Kiewer Bahnhof. Von dort aus können
Sie ohne Probleme mit der U-Bahn weiterfahren.[35]

Eine weitere Möglichkeit, die noch recht günstig
ist, um ins Zentrum zu kommen, ist, ein Yandex-Taxi
zu nehmen. Sie müssen nur darauf achten, dass die
Fahrer keine „Festpreise" für die Fahrten anbieten,
denn so können Sie schnell über den Tisch gezogen
werden. Zur Rushhour kann eine Taxifahrt ein bisschen länger dauern, da es auf den Straßen oft zu Staus
kommt, außerhalb der Stoßzeiten wird man innerhalb
von circa 45 Minuten in die Stadt gebracht.

Was die Kosten für einen Städtetrip nach Moskau
angeht, ist es nicht ganz einfach, genauere Angaben zu
berechnen, es kommt natürlich auf die individuellen
Ausgaben und auf den finanziellen Stand an. Moskau
ist eine Stadt, in der man sehr viel unternehmen und
dementsprechend viel ausgeben kann.

Aber um einen groben Überblick über die Kosten
zu verschaffen, werden an dieser Stelle ein paar Sachen
aufgelistet, die für Sie nützlich sein können. Eine Ein-
zelfahrt mit dem Aeroexpress-Zug vom Flughafen in

---

[35] Aeroexpress: Tarife

das Stadtzentrum kostet 300 Rubel, umgerechnet sind es 3,46 Euro. Eine Taxifahrt kostet circa zwischen 1740 und 2611 Rubel, also etwa 20 und 30 Euro, je nachdem, an welchem Flughafen Sie ankommen. Fahrt mit der Metro (beliebig lange) kostet 55 Rubel, also 0,63 Cent.[36]

Eine Übernachtung im Hostel (unter anderem auch im „Strawberry Duck Moscow") kostet zwischen 9 und 14 Euro pro Nacht, je nach Zimmerauswahl und Saison. Bei einer Hotelübernachtung ist die Spanne sehr groß. Ein 3-Sterne Hotel kostet im Durchschnitt 35 bis 40 Euro für eine Nacht, der Mindestpreis liegt bei circa 25 Euro. Die Preise für Luxushotels liegen bei 163 Euro pro Nacht und aufwärts, auch hier je nach Zimmerauswahl und Saison.[37]

Für das Essen in einem durchschnittlichen Café geben Sie zwischen 400 und 600 Rubel pro Person aus, umgerechnet sind es 4,60 bis 6,89 Euro. Und ein schickes Abendessen in einem guten Restaurant kostet zwischen 700 und 2500 Rubel pro Person, also zwischen 8,04 und 28,72 Euro.

Ein Kaffee kostet Sie zwischen 120 und 400 Rubel, was umgerechnet etwa 1,60 und 5,20 Euro sind.[38] Falls

---

[36] Mosmetro: Fahrscheine für die Metro
[37] Hotel.de: Hotels in Moskau
[38] Russlandjournal: Moskauer Preise

Sie in Ihrer Unterkunft über eigene Küche verfügen und lieber selbst das Essen zubereiten, ist es an dieser Stelle erwähnenswert, dass die Preise für die Lebensmittel in den Supermärkten niedriger sind als in Deutschland.

Wie bereits erwähnt, ist es ratsam, Tickets für die Sightseeings vorab im Internet bzw. online zu bestellen. Ein Einzelticket für Erwachsene für die Basilius Kathedrale kostet 700 Rubel pro Person, umgerechnet 8,04 Euro. Der Eintritt in das Kreml-Museum kostet 1000 Rubel pro Person, also 11,49 Euro und für die Tretjakow-Galerie bezahlen Sie 400 Rubel, das sind aktuell 4,59 Euro.

Das Ticket für die Parkanlage VDNCh kostet 300 Euro pro Person, also 3,45 Euro, und ein Besuch ins Bolschoi-Theater variiert je nach Sitzplatz und Aufführung, kostet aber im Durchschnitt 5000 Rubel also 57,44 Euro pro Person. Für das Puschkin-Museum kostet der Eintritt 250 Rubel, umgerechnet sind es 2,88 Euro. Viele andere Sehenswürdigkeiten wie GUM, Moscow City, Lenin-Mausoleum, Gorkij-Park, Kitai-Gorod oder Flying Bird sind kostenlos.

Es ist außerdem noch wichtig, auf den Kurs zu achten, denn der russische Rubel schwankt sehr oft.

Aktuell kommt auf 1 Euro 86,96 Rubel.[39] Vor der Reise können Sie bei der Bank Ihres Vertrauens etwas Bargeld eintauschen. Es reicht aber auch aus, bei der Ankunft mit der Kreditkarte das Geld in der Landeswährung abzuheben, viele Kreditkarten bieten diese Möglichkeit an, ohne Gebühren zu nehmen. Wenn Sie das Geld vor Ort abheben, bekommen Sie meistens auch einen besseren Kurs als in Deutschland. In Moskau können Sie fast überall problemlos mit der Kreditkarte bezahlen.

Auch Internet und Wi-Fi funktionieren in Moskau in den meisten Fällen reibungslos. In vielen Cafés und Restaurants, sogar unter der Erde in der Metro gibt es kostenloses WLAN. Außerdem gibt es in der Metro Ladestationen für das Handy.

Wenn Sie lieber über eigene Internetverbindung verfügen möchten, können Sie eine russische SIM-Karte holen, die es auch ziemlich günstig zu kaufen gibt. Ganz gleich, welchen Anbieter Sie wählen, die bekanntesten und meistbenutzten sind MTC und Tele2. Das Internet in Russland ist im Gegensatz zu unserem sehr günstig, also falls Sie länger in der Hauptstadt verweilen möchten, lohnt es sich durchaus, eine SIM-

---

[39] Google: Kurs Rubel-Euro

Karte zu holen. Prinzipiell sollten Sie genug Zeit für Moskau einplanen, je mehr, desto besser! Für den ersten Besuch sind mindestens drei volle Tage auf jeden Fall empfehlenswert, um sich entspannt auf die City Tour einzulassen. Für einen Besuch der russischen Hauptstadt gibt es keine besonders besten Reisezeiten, jede Jahreszeit hat ihre Vor- und Nachteile.

Im Winter gibt es hier ein richtiges Wintergefühl, mit Schlittschuh- und Eislaufbahnen, viele außergewöhnliche Schneeskulpturen, schneebedeckte Gebäude und um das Neue Jahr ausgiebige Feiertage und andere Attraktionen. Im Sommer kann man die Stadt durch die heißen Tage begleiten, draußen sitzen und lange Spaziergänge unternehmen.

In den Feiertagen und Sommerferien ist es in der Stadt mehr los und die meisten Städtereisenden kommen in der Hauptreisezeit von Juli bis September hierher. Im August ist es dementsprechend etwas entspannter und draußen sind immer noch sommerliche, angenehme Temperaturen. Die russische Hauptstadt ist zu jeder Jahreszeit ein besonderes Erlebnis und daher Sie können Ihre Reise auf jeden beliebigen Monat einplanen. Also besuchen Sie Moskau, denn die Architektur, die Menschen, das gute Essen und all die Sehenswürdigkeiten sind es auf jeden Fall wer

Herstellung und Verlag:

BoD – Books on Demand, Norderstedt

ISBN: 9783756219773

1. Auflage

Kontakt: Psiana eCom UG/ Berumer Str. 44/ 26844 Jemgum

Covergestaltung: Fenna Larsson

Coverfoto: depositphotos.com